# Valentía

Kelbin
Torres

VENADO REAL

*Valentía*
© 2020, Kelbin Torres

© de esta edición:
Ediciones Venado Real
edicionesvenadoreal@gmail.com

Página 31: © Blunt, J. 2007. Same mistake. En *All the lost souls*. Reino Unido: Atlantic Records.
Página 71: © Guera, J. L. 1990. Bachata rosa. En *Bachata rosa*. República Dominicana: Karen Records.

Segunda edición: diciembre de 2020

ISBN: 978-9974-8780-6-8

Corrección: Juliana Del Pópolo
Diseño de tapa e interior: H. Kramer
Ilustraciones: Patricia León

# Prólogo

*Mendoza, noviembre de 2020*

Es curioso que, de pequeños, cuando nos preguntan qué queremos ser, respondemos con convicción. ¿Será porque la vida tiene esa breve cuota de indulgencia? Sea como sea, la respuesta se encuentra, sencilla y fresca, en la punta de nuestros sueños. Es como despertar y comprender el sentido de vivir.

Sin embargo, con el paso del tiempo y a lo largo del camino, las dificultades se hacen presentes; las dudas no golpean la puerta, simplemente se instalan, se materializan en nuestra piel, van descamando nuestra seguridad y, junto con cada caída y golpe, van trazando un mapa en el alma. Un mapa lleno de rutas, de valles, de ríos —desbordados de lágrimas— que desembocan en océanos infinitos llenos de recuerdos. Un mapa con gélidas montañas, que esconden millones de secretos. En ellas hay cuevas y lugares recónditos a los cuales, a veces, es difícil regresar.

Como si de cartógrafos habláramos, somos hacedores de nuestro mundo interior, construyendo caminos para volver a pasar por esos lugares que nos hicieron felices y, por el contrario, levantamos barreras cuando no queremos retornar a lugares sombríos, cuando *no estamos dispuestos a volver atrás.* Cada vivencia va despertando nuevas emociones, nuevos aromas, nuevos sabores. Como cuando nos damos de bruces contra el dolor, allí el petricor nos saluda y el gusto a sal nos invade la boca. O cuando la decepción nos golpea, el sabor metálico inunda cada átomo de nuestro ser y es cuando aprendemos que hay personas que, por más que juraron no hacer daño, **terminan lanzando sus dardos.**

En su recorrido, el autor nos muestra pantallazos de paisajes de su alma, nos abre las compuertas de su dolor, nos hace naufragar junto a él por los mares de la desolación, de la desesperanza y, poco a poco, vamos acercándonos con él a esa valentía. A esas ganas de ser él en todo su esplendor, a esa faceta suya de conquistador, porque se hizo dueño de su alma al aceptar cada uno de sus relieves y climas, de sus mesetas, sus riachuelos y lagos. Al admitir que cercó ciudades y *dejó atrás a esos desconocidos que un día confundió con amigos.*

La valentía no es cosa simple, conlleva resiliencia, decisión, aceptación. Ser valiente implica abrazar el dolor, comprender que *no debemos rogar por falsos abrazos.* Ser valiente supone darle la mano a la pérdida, quedarnos con los instantes de felicidad, con las risas, la complicidad; supone llorar, pero también secar las lágrimas y recomenzar, *hacer visible lo invisible.* Honrar lo que aprendimos compartiéndolo con el mundo. La valentía se construye a base de tropiezos, de dudas, de miedos. Pero siempre está ahí, en algún lugar escondida, esperando para volver a sonreír, tal como lo hace hasta el día de hoy en el rostro de cada niño.

*"Te acostumbraste tanto a ser una sombra,*
*que se te olvidó que un día fuiste el sol."*

Este pasaje habla de que, a pesar de los días grises y las dolencias, siempre podemos ser arcoíris, volver a la luz, a la vida. Y no hay otra manera de hacerlo que siendo valiente.

**Valentía** es una oda a la fortaleza del ser humano, en sus páginas Kelbin pone de manifiesto que, más allá del sufrimiento, estamos hechos para volver a confiar, amar, sonreír. Nos demuestra que la valentía es una ruta más en el mapa de nuestra alma. Quizás en ocasiones, el camino se torna inaccesible, pero es solo cuestión de tiempo para poder llegar ahí.

Este libro es ese abrazo que el autor se dio, el amor que decidió germinar en él, sabiendo que el día que floreciera, ese amor llegaría a todos sus seres queridos, e incluso a muchas más almas. Porque él *halló su olvidada valentía* y en estas páginas nos regala uno de sus sueños.

He aquí la obra de un ser valiente y cautivador que sabrá llegar a tu corazón, tanto como supo llegar al mío.

Juliana Del Pópolo

Escribo para no apagarme, para que nunca muera mi alma de niño.

"Entonces desperté y todo aquello que un día me hizo daño ya no

dolía, **busqué mi olvidada valentía,** empaqué unas cuantas sonrisas

y me marché para ser feliz".

# Y si alguien quiere acompañarme

Y si alguien quiere acompañarme, sepa que soy
bastante complicado, que amo los días nublados
y que a mi soledad nunca la dejo de lado.

Que sepa que me gusta ser libre y que
sonrío cuando me siento triste.

Que escribo para sentirme vivo y que
mañana puede que ya no sea el mismo.

Y si alguien quiere acompañarme que no me juzgue
por mi pasado, que se quede a mi lado porque quiere
quedarse y que se vaya cuando le sea necesario.

Que sepa que soy humano y que hay cosas
que se me escapan de las manos.

Y si alguien quiere acompañarme, ¡que me acompañe!

Yo no le impongo reglas a nadie,
solamente me gusta ser claro.

A estas alturas de la vida ya no espero reclamos.

Solo la serenidad de un abrazo.

# Que no se te olvide

Que no se te olvide cuando caíste y sin preguntarle
a nadie te volviste a levantar. Cuando te hicieron
sentir culpable por algo que no hiciste, cuando
lloraste seis días y al séptimo sonreíste.

No, que nunca se te olviden todas esas lágrimas
que inundaron tu corazón cuando te entregaste
al miedo sin ninguna precaución.

Cuando buscaste compañía y te
encontraste un silencio cruel.

Cuando quisiste simplemente desaparecer.

Que no se te olvide lo que sufriste para llegar hasta
acá, que se necesita perder para poder ganar.

Que nunca se te olvide aquella noche en la que
te atreviste a volar, que, para ser completamente
libre, se debe aprender a perdonar.

I

Llegó a sentirse tan segura que dejó de avergonzarse de
su figura. Entendió que su belleza no
radicaba en sus curvas ni en la copa de su
sostén, sino en la fortuna de ser mujer.

# Cuando la soledad se vuelve tu amiga

Cuando la soledad se vuelve tu amiga,
ya no esperas visitas, y lo que implica
salir de casa te causa un malestar.

Prefieres quedarte, tomarte un té o un
café con ella, contarle tus experiencias y
preguntarle qué consejos te puede dar.

Ella es prudente, te enseña cosas que
la gente jamás te podrá mostrar.

Cuando la soledad se vuelve tu amiga, ya no te asustan
las despedidas; comienzas a quererte y a valorarte más.

Su silencio hipnotiza, no te hace andar aprisa y
sabe sacarte una sonrisa cuando todo va mal.

**Llévate bien con la soledad, puede que un día
necesites de su compañía, y, créeme, es buena amiga.
No te miente, te escucha en silencio y hasta te
muestra tu valentía, esa que pensaste que no existía.**

# 1, 2, 3, 4...

Si estás a punto de perder la calma, no digas
nada. Te sugiero que cuentes hasta veinte, hasta
treinta o hasta donde quieras: será más fácil
eso que pedir disculpas. Porque hay palabras
que son como espadas que hieren el alma.

Otras son como balas que taladran vidas;

esas no salen ni con cirugía.

# Me quiero

Un día me sentí tan querido que se me olvidó
quererme a mí mismo. Entonces aquel amor
se fue y ya no supe qué hacer conmigo.

Así es la gente: un día te quiere y al siguiente
te echa al olvido. Ahora soy precavido,
me quiero primero a mí mismo.

Si mañana se fueran, ya no me sentiría tan perdido.

Cuando por fin comencé a quererme, me
llamaron arrogante; la verdad no es algo que
me importe. Ahora pienso en mí primero, a los
demás ya les di bastante tiempo. Merezco ser
libre de la mentira y de la gente que duele.

Atrás quedaron esos desconocidos que
un día confundí con amigos.

**Por ahora me tengo a mí mismo, y
con eso es más que suficiente.**

# Nada fácil

Yo no digo que sea fácil decir adiós. Hay que tener una **valentía extraordinaria** para separarse de la persona donde uno ha querido quedarse. Yo no digo que sea fácil despertar y dejar a un lado lo que lastima, desprenderse de la costumbre y caminar con el alma vacía.

No es nada fácil cambiar el semblante y el hastío que queda después de la caída, tampoco es fácil volver a querer como antes.

La música transmite su verdadero sentido, las hormigas ya no se pasean errantes y volver a enamorarse parece distante.

¿Qué puedo decir? Hay situaciones que no se logran entender a la primera, pero en tus propias cenizas encontrarás la esperanza.

*Todo pasa.*

Y si llega a rondar por tu mente la muerte, no la escuches, no te sueltes.

**Eres invencible.**

**Eres valiente.**

# Declaración

Tengo un corazón estropeado, una mirada
que pasa desapercibida. Tengo sueños de color
violeta y unas letras que se visten de poesía.

Hablo demasiado, pero puedo guardar
secretos. Disculpe mi atrevimiento.

A lo mejor ya se cansó de este mundo materialista,
y si usted lo desea, podemos brillar con
luciérnagas mientras las estrellas nos visitan.

# Ojalá

Ojalá te enamores de alguien que encuentre en cada
uno de tus lunares un buen sitio para quedarse.

Que en medio de los problemas te diga:
«No te preocupes, saldremos adelante».

Ojalá te enamores de alguien que, más que
quitarte la blusa, te convierta en su musa;
que transforme tus depresiones en canciones
y que te ame en pijama o en tacones.

Ojalá te enamores de alguien que entienda
que la piel se arruga, que no siempre tendrás
una buena figura, pero que, al verte desnuda,
descubra en ti la mejor obra de arte.

Ojalá que te amen hasta en tus momentos
irritantes, que te vean hermosa sin maquillaje.

Ojalá que te besen el alma.

Ojalá que encuentres la calma.

# II

Enamórate, reinvéntate, haz el amor o el sexo:
solo ten en cuenta que todo tiene su efecto.

No todo es felicidad.

No siempre estarás en tu mejor momento.

No busques entender lo que pasa.

Escúchate en silencio.

Comprende que intentarán lastimarte.

Algunos buscarán pisotearte.

Otros querrán minimizarte.

Convéncete de que eres grande. Dios
no hace cosas a medias.

Observa el océano.

Echa un vistazo al cielo.

Mírate al espejo.

**Date el tiempo de conocerte y
encontrarás tu lado más fuerte.**

# III

Mientras la vida me regale su aliento, rendirme
no está en mis planes. Sé muy bien que tendré
mis tropiezos, es que forman parte del vivir.

Y no voy a decir que nunca me ha
visitado el dolor, claro que sí.

Hemos tomado café y hasta se ha reído de mí,
pero es mi decisión quién se queda conmigo, y
por lo pronto el dolor ya no es bienvenido.

# Te agradezco

Yo te agradezco.

Te agradezco por tu amor insoluble, por no
caer en la costumbre de amarme porque sí. Por
quedarte conmigo y mis desvelos comunes, por
cuidarme cuando los monstruos no se quieren ir.

Te agradezco por mirarme con tus ojos claros y tus
años cargados de ilusiones, por tus dedos que se
desplazan por mi pelo cuando no puedo dormir. Por
el ímpetu con que sonríes cuando me ves venir.

Por amarrarte a mi locura y besar mis sueños
callados, porque a tu lado todas las cosas cambian
de matiz. Porque no tengo que fingir.

Por los agujeros que hemos tapado juntos;
porque se hacen menos agrios los segundos;
porque cuando te veo, me estremezco.

Yo te lo agradezco.

# IV

Critican como si la conocieran, como si supieran lo que ha sufrido, como si hubieran recorrido su camino.

Y la quieren ver acabada, hundida y olvidada, pero a ella no le asusta nada.

**Levantarse con más fuerza cuando se siente abatida, ese es su estilo de vida.**

# A ellos

Les doy gracias a todos aquellos en los que confié y me pusieron contra la pared. A los que me han pisoteado sin remordimientos y han señalado mientras yo he guardado silencio.

Gracias a los que les regalé lo mejor de mí y a cambio recibí lo peor de ellos. A los que se apartaron de mí mientras yo moría por dentro.

A ellos, a los que les extendí mis manos y mi amistad, a los que estuvieron en mi luz y desaparecieron en mi oscuridad.

A ellos, gracias por lo que hicieron. Aquí te haces fuerte o te quedas en el suelo.

Elijo lo primero.

# V

Y me dijo:

«Te quiero, te quiero, te quiero,
pero ya no soy feliz a tu lado».

No me quedó otra alternativa que darle un abrazo y
agradecerle por tanto.

Me impresionó su franqueza y valentía; esa gente
es la que necesito en mi vida.

# Viviendo, confiando, sonriendo

No entendía lo que me estaba pasando, me detestaba tanto que ya no quería seguir luchando. Tal parecía que estaba destinado a ser un fracasado. Esa tarde cerré la puerta de mi cuarto y en la esquina de mi cama agaché la mirada, salieron disparados océanos de mi cara como granadas que estallan y destruyen todo a su paso. Y ahí estaba yo, hecho pedazos. Me dije que ya era suficiente, que necesitaba ser fuerte. Que por un amor no se terminaba la vida; al contrario, renacía.

Así que me armé de valor y a paso lento me fui construyendo. Con el tiempo se marchitó el desconsuelo, y aquí me tienen de nuevo.

**Viviendo, confiando, sonriendo.**

Por eso yo creo, todavía creo, que se puede vivir con el corazón partido en dos y hasta con el alma hecha añicos.

Trata de no bajar los brazos, trata de levantar tus pedazos, porque cuando el dolor se vuelve más intenso y piensas que vas a retroceder, es cuando más cerca estás de renacer.

# VI

Y si un día nos separa el tiempo,
que el más bonito de los recuerdos nos una
*para siempre.*

# Ansiedad

Quisiera caminar bajo la lluvia de Londres o perderme
en un globo aerostático. Quisiera desintegrarme:
esta casa cada vez se vuelve más insoportable.

Yo quisiera tener la destreza de un gigante
para despojarme de la ansiedad.

Ha tomado posesión de mi espacio, de mi
itinerario hacia la felicidad, de mis nervios
desorientados, de mi paciencia y sobriedad.

Soy como una presa fácil de atrapar. Como un
colibrí enjaulado. Como un jardín sin tulipanes.

Pálido.

Deshabitado.

Me refugio en la antología de Neruda, en las cortinas
azules y el cuadro de plumas colgado en la pared.
En la radio suena James Blunt con *Same mistake.*

Mis gatos ronronean que todo estará bien.

# Me estoy encargando de mí

Disculpen si me alejo, si no contesto llamadas,
si no saben de mí. Si estoy perdido es porque
estoy teniendo una cita seria conmigo. Estoy
dejando que el tiempo me haga el favor.

Estoy aprendiendo a ser yo.

Estoy arreglando lo poco que queda de mí.
Estoy tratando de volver a ser feliz.

Estoy aprendiendo a esquivar los dardos de los
que juraron que nunca me harían daño.

Estoy en eso. Paso de largo los tontos argumentos.

No me apetece hablar con nadie. Disculpen si soy así,
es la única forma que conozco para estar cerca de mí.

Estoy aprendiendo a tomar las palabras de
quien vienen, pero no puedo negar que
hay personas que todavía duelen.

Estoy en desventaja, pero espero curarme pronto.

Estoy encontrando la salida, le estoy
buscando el lado bueno a la vida.

Estoy tratando de entenderme, de no
dejar ninguna disculpa pendiente.

# Valentía

Estoy procurando no dañarle el corazón a nadie porque ya sé lo que se siente.

Estoy buscando mi voluntad en todas esas veces que caí, en los errores que cometí.

Me estoy encargando de mí.

# Preciosa

Eres preciosa porque te levantas cada mañana,
aunque amanezcas peor, porque a pesar de
tus cicatrices todavía crees en el amor.

Eres preciosa porque, aunque caigas al precipicio,
siempre vuelves al principio; porque pudiste ser una
canción triste, sin vida, pero elegiste ser poesía.

Eres preciosa no por tu anatomía, sino por todas esas
cosas que te hacen extraordinaria y a la vez tan sencilla.

Eres preciosa porque nunca te das por vencida, porque
ni huracanes ni tinieblas han derribado tu sonrisa.

# Tácticas

No importa lo que digan, te conoces
mejor que nadie y solamente tú tienes las
tácticas precisas para salir adelante.

No importa cuánto te tardes. Aquí lo único
que vale es que te sanes, que te vuelvas
invencible, más fuerte que antes.

**Ir hacia adentro no solo sirve para
encontrarse, sino también para liberarse.**

# Te acostumbraste

Te quejas de la persona que tienes al lado, pero
no te vas, prefieres seguir aguantando.

Y no me digas que es por amor; mejor
acepta que no tienes el valor.

Te acostumbraste tanto a ser una sombra
que **se te olvidó** que un día fuiste el sol.

# Calma

Conserva la calma, no tienes por qué explicar nada. No es ilegal sentirse mal, a todos en algún momento nos pasa. No es ilegal llorar, tampoco quebrarnos un poco.

No es ilegal tener el corazón roto.

Conserva la calma, mañana saldrás de tus escombros.

**Hay tachuelas en el piso, pero tú tienes tus alas. Vuela y sé feliz, no está prohibido sentir.**

# Y sonrío

Sonrío,
no porque siempre me vaya bien en la vida,
sonrío porque ya pasé bastante tiempo triste y,
la verdad, me cansé de buscar culpables.

Sonrío porque es mi mejor arma para conquistar
lo que quiero, porque a pesar de tantas
tragedias mi corazón sigue siendo sincero.

Sonrío por mí, por lo que soy, porque lo merezco.

# Sola y tranquila

Él decía que la quería, pero, con
lo que hacía, la destruía.

Y ella que siempre fue tan débil… Tuvo que
hacerse la fuerte y buscarse otra vida.

Pues es mejor sola y tranquila que
acompañada y en ruinas.

**Duele menos una despedida que
sentirse miserable en compañía.**

# Valentía

# Chance

Me ha maltratado la realidad, pero así es esto. A veces toca caminar desarmado, con las ilusiones en las manos y el oxígeno muriendo. Pero sé que con todo y eso todavía tengo un chance para teñir el corazón de verde. Un chance para ser como yo quiero ser y no como quieren verme.

Un chance para enamorarme de nuevo, para sentir un amor verdadero que me ame con mis conflictos y mis miedos.

Para invitarle a un *whisky* o un par de cervezas a un amigo. Para charlar de nuestros triunfos y conflictos.

Para omitir las trivialidades y disfrutar de lo sencillo.

Para poner a prueba mi resiliencia y desprenderme de la decencia por unos minutos. Para volverme más astuto y vivir sin ordinarios estatutos.

Sé que todavía tengo un chance para respirar, para encontrar mi propia dirección, para dejar de buscar el causante de todas mis desgracias y en vez de eso dar las gracias por lo que fui. *Por lo que soy.*

# Suposiciones

Supongo que después de tantos errores merezco sentirme amado. Merezco enamorarme, echar raíces en un corazón que me elija y sentirme libre en un abrazo. Supongo que no es nada extraño sentirse así de vez en cuando.

Quisiera encontrar un hogar en unos labios que sanen mis besos agrietados.

Supongo que no es nada raro soñar despierto por un rato.

# VII

Estoy tomando las cosas con calma, todavía tengo asuntos en el alma que necesito arreglar. Pero con todo y los días oscuros procuro no desanimarme, aunque esto de ser valiente a veces cuesta bastante.

# ¿Por qué vivir en el lodo?

Muchas veces me senté a esperar a que la solución llegara, pero entendí que esto no es un cuento de hadas.

Aquí tienes dos opciones: **luchar o perder la batalla.**

No hay morfina para adormecer el dolor del alma, ni anestesia para esos amores que nos fallan. Aquí aprendes de las circunstancias o te quedas sin esperanzas.

Hoy tengo por rutina amarme sin medida, ser valiente y no víctima. Sonreír a pesar de todo.

Y si tengo un mar frente a mí,
¿por qué vivir en el lodo?

# Te pertenezco

Te pertenezco desde aquel día en que me arrebataste
la vida con una mirada, desde ese día que
convertiste en canción a mi incrédula esperanza.

Desde aquel momento en que me fui, pero se
quedó contigo mi alma, desde aquella noche de
abril en que llenaste la habitación de calma.

Te pertenezco cuando ríes, te pertenezco
cuando callas, cuando haces fiesta con mi
boca, cuando descifras todas mis mañas.

Cuando me sonrojas en exceso, cuando me
regalas en cada beso un nuevo comienzo.

Te pertenezco en reclusión y en absoluta libertad,
más allá del tiempo, más allá de la verdad.

Te pertenezco porque es un placer pertenecerte; porque
no creo en la suerte, solo en la bendición de tenerte.

# Decides ser tú

Y de pronto ya te da igual lo que piensen. Prefieres
ser sincero, aunque se incomode la gente. Ya no
te interesan las conversaciones insustanciales ni
saber las reglas básicas de los buenos modales.

De pronto decides ser tú. Ya no
quieres ser la sombra de nadie.

Ya todo aquello lo superaste. Ya no lloras
por las noches y por lo único que te desvelas
es por ver películas hasta tarde.

Y te sientes diferente, ya no te dejas
llevar por la corriente.

Sabes manejar tus emociones, ya no
te hieren esas viejas canciones.

# Nadar en desiertos

Después de algunas lágrimas y de tragarse unas cuantas traiciones, uno se arma de valor hasta los huesos, uno aprende a nadar en desiertos y no vuelves a ser igual. Después de eso, uno se arranca los golpes del pecho y se deja de vivir de lamentos.

Uno ya no busca un camino para continuar: **uno busca un cielo para volar.**

Y cuando nos damos cuenta de que nunca podremos olvidar, comenzamos a superar. Entonces perdonamos, y lo que antes era tan pesado se vuelve más liviano. Y brillamos, caminamos descalzos sin miedo a lastimarnos. Hasta que eso ya no es suficiente, entonces nos volvemos valientes y volamos.

# Resurgir

Hoy comienzo de cero, hoy echo por la borda todos esos recuerdos que un día me hicieron mal. Me quedo con lo bueno, no estaré pendiente de mi tristeza y ante el abrazo cálido del perdón, no pondré resistencia.

Me enamoraré de las cosas simples y seré feliz, sin más, con esto que soy.

Hoy comienzo de cero, hoy le digo adiós al dolor.

# Efímero

Ahora estoy bien, ya no me inquieto por cosas sin
sentido ni espero esa llamada que aceleraba mis latidos.

Ya no me martirizo por lo que hizo ni me
pregunto: «¿Por qué no me quiso?». He
comprendido que nada es eterno y que **el mundo
no se acaba por un amor deshonesto.**

Que siempre se encuentran nuevos
motivos para seguir viviendo.

# Escombros

Y aquí estoy.

Después de tantas decepciones, sigo en pie. Uno
siempre encuentra la salida, todo se supera en la vida.

Ya habrá tiempo para amar de nuevo, ya
llegará el momento justo. Por lo pronto,
no espero llamadas ni cariño alguno.

Entre mis escombros me siento seguro.

# Su sonrisa

Con *blue jeans* o vestido de noche se ve
hermosa. Tiene la sonrisa tan esplendorosa
que embellece cualquier lugar.

Puedes verla con el cabello suelto, o con un
moño de esos extraños. Le gusta el rímel
transparente y el rojo en los labios.

Hace mucho que ya no se enamora; dice que
se está dando un momento, que amar es una
ruleta rusa y no quiere morir en el intento.

Tiene la sonrisa bonita, tan sencilla y presumida,
tan directa e intuitiva, tan real y tan distinta.

# Te curarás, me curaré

Te diré algo.

A pesar de que nunca fui lo que quisiste
que fuera, te he amado a mi manera.

Pero esta noche corto por lo sano, no quiero
vivir acumulando daños innecesarios.

Han sido muchos años en guerra. Estoy agotado.

No seguiré en este barco que no se dirige a ningún lado.

No me taches de insensible o cruel:
alguien de los dos tenía que ceder.

Pero no te preocupes, cariño: **te curarás, me curaré.**

# Celebraré

Y mientras no tenga con quien celebrar aniversarios ni a quien besar sin horarios, celebraré todo de mí.

Celebraré cada una de mis vivencias, me haré amigo de las consecuencias y llenaré de café mis venas, mientras me burlo de mi tristeza.

# Brújula

Me he equivocado muchas veces
y me he sentido raro entre tanta gente.
Por momentos añoro el pasado y se me da por
echarle un vistazo, pero solo lo visito por un rato.

**Allí no es propicio quedarse.**

Y por ahí voy superando barreras y cicatrizando heridas,
dándole rienda suelta a mi inusual manera
de ver la vida, guiándome con la brújula
que me ha regalado la experiencia.

Decidido a ser feliz sin que nada me detenga.

# A ese amor

Yo quise aniquilar su recuerdo; sin embargo,
salió ileso en cada uno de mis intentos.

Hoy recordé a ese amor que fue mi redención
y perdición. A ese amor que rompió mis
esquemas y llenó mi universo de poemas.

A ese amor que me enseñó a besar sin temor alguno,
a ese amor que en lo complejo me hizo sentir seguro.

Hoy platiqué con el zumbido de su voz, fue
inevitable no imaginarme a su lado y navegar en
su olor tan delicado. Hoy recordé a ese amor, cerré
los ojos y lamenté no habitar más en sus labios.

Entendí que su recuerdo nunca se irá, que debo
resignarme y aceptarlo como a un amigo más.

No logramos salir victoriosos en el amor,
pero nos quedaron hermosas cicatrices como
evidencia irrefutable de lo que un día fuimos.

# Domingos

Ahora usa los domingos para descansar, ya no espera invitaciones para el cine ni mensajes en el celular.

Ha vivido tanto tiempo en cautiverio con su soledad que ya no le interesa escapar.

# Espinas

Tienes que saber que en el camino te encontrarás
con espinas, de esas espinas que dañan y se incrustan
hasta lo más hondo, y vas cargando con ellas por
miedo a sentir más dolor al intentar quitarlas.

Es necesario que sepas que aquí nadie es
indispensable. Sé que lo sabes, pero te sientes
cobarde, y eso no es del todo malo. A fin de cuentas,
todos nos hemos sentido cobardes un día.

Pero llega el tiempo en que es necesario liberarse
de esas espinas con nombre de gente.

Sanar por completo y amarte primero.
Es lo que te mereces.

**Necesitas ser valiente.**

# Amores indelebles

Se querían, ¡claro que se querían!

Eran de esos amores en los que se disuelven los temores. De esos amores que se dan una vez en la vida, de los que se transforman en herida y medicina.

Disfrutaban cada segundo como si fuera el último, se elegían y volvían a elegir a cada momento y hacían el amor como si no existiera el tiempo.

Estaban hechos a la medida, les gustaba escuchar a Piaf mientras cantaban y reían.

Pero al destino le dio la gana de hacerles una mala jugada. Después de cada jornada, ella lo esperaba, pero lo que recibió fue aquella llamada que terminó rompiéndole el alma.

Gritó tan alto que hasta la luna sintió su dolor: su amor, el que la adornaba de primaveras de enero a diciembre, se había ido para siempre.

Lo ha llorado desde octubre. Lo extraña por las mañanas, por las tardes y más por las noches. Carga su recuerdo como un tatuaje en el pecho, reza de rodillas para que algún día puedan encontrarse de nuevo, en otra vida.

Hay amores que ya no están presentes, pero
no dejan de florecer en nuestra mente.

**Hay amores tan astutos que engañan a la muerte.**

Hay amores indelebles.

# A mí

He decidido dejar de preocuparme. Siempre habrá quien intentará señalarme por lo que soy, pero solamente yo conozco mi situación. Mi única preocupación es tenerme a mí mismo y no me importa si le llaman egoísmo. Dejaré de repartir explicaciones y mantendré mis problemas en reserva; es a mí a quien en verdad le interesan.

Cuando me siento agobiado, asustado y fracasado, a todos se les hace tarde. Entonces tengo que buscarme, y si ya sé cómo tenerme, sabré cómo encontrarme.

# Pájaros

Esperemos que pase el aguacero para despegar los
pies del pavimento, para que se apague el fuego de
nuestras penas y que nos reciba atenta la primavera.

Que las colinas ya no celen a las montañas y que
se revienten las telarañas de nuestros sueños.
Que de nuestra historia seamos los protagonistas
y que se evapore la agridulce melancolía.

Esperemos que se rompan los cántaros del cielo
para que pase pronto el aguacero, para subir
hasta lo más alto, y volar como los pájaros.

# VIII

Por un instante quisiera llamarle y preguntarle: «¿Cómo te ha ido?», pero prefiero no remover el destino. Es mejor así: cada quien con su camino.

# Me prohibí

Y me prohibí darme por vencido, rogar por falsos
abrazos para sentirme un poquito querido.

Y me prohibí llorar por mi pasado,
habitar en corazones desechables.

Me prohibí derrumbarme, me prohibí ser un cobarde.

# Un amor bonito

A veces a uno le dan ganas de amar bonito,
de bailar despacio con alguien que sepa llevarte el
ritmo, de apagar las luces del mundo
y perderse en el brillo de una mirada,
de entregar el corazón sin miedo a nada.

## Sin boleto de retorno

Estaban rotos, pero se abrazaron y se perdonaron todo.

Y así, cada uno por su lado, iniciaron un nuevo viaje

sin boleto de retorno.

# Si mañana despierto

Y si mañana despierto, no pido más
que aliento para seguir en pie.

Que la aflicción no me consuma y que mi
sonrisa sea mi cura ante la adversidad, que el
rencor nunca se adueñe de mi tranquilidad.

Que de mi boca solo salgan cosas buenas;
que, si me rompo, encuentre el tiempo
para reunir de nuevo mis fragmentos.

**Que nunca se me olvide que soy de carne y hueso.**

Y si mañana despierto, dejaré al tiempo hacer su
trabajo, no tomaré venganza con mis propias manos.

Y si llego a sentirme triste, que me encuentre
cuando me necesite.

# Ámeme así

Ámeme así, con mis vicios y mi desorden: no pienso
cambiar por nadie. Puede que suene cruel, y disculpe
mi franqueza, pero cuando deciden irse, *se van*, y es
allí cuando uno empieza a buscarse, y con lo único
que se encuentra es con esos ridículos cambios que
al final se convierten en una verdadera molestia.

No quiero que se ofenda, no es esa mi
intención, tan solo es una petición.

Ámeme así en completa libertad,
ámeme así, sin condición.

# No era nuestro tiempo

No puedo decirle que es fácil continuar sin usted porque sería engañarme a mí mismo. La vida puede llegar a ser pesada y me hubiera gustado que se quedara conmigo.

Ninguno de los dos es culpable; la vida tiene su misterio y a lo mejor este no era nuestro tiempo.

Quizá nos encontremos en el camino.

# El amor también respira

Me encantas cuando te sientas en el sillón y te quedas viendo a la nada. Me encanta observarte con tus cejas pobladas y el universo de cosas que te hacen superior.

Me encanta tu olor.

Eres algo así como un campo de claveles, como un cuento de amor que nunca termina. Tienes ese potencial de elevar mis niveles de dopamina.

Me encantas cuando despiertas y haces ese gesto enternecedor, y en tu alucinación me das un beso a medio vapor. Me encantas cuando te burlas de mi inglés básico mientras miramos los clásicos de Tarantino.

Contigo sí dio en el clavo Cupido.

Tu forma de quererme es la más hermosa. Me gusta cuando bailamos *Bachata rosa* con la luz apagada y el aire del ventilador. Verte a ti es dudar que uno más uno son dos. Es confirmar que a este planeta le hace falta más poesía, es descubrir que el amor también se respira.

# Nada personal

Si alguna vez me ves cabizbajo, no me hagas caso.

Tal vez necesito algo de espacio y no tenga ganas
de conversar; tal vez solo quiera descansar.

Si alguna vez me ves desorientado, no hagas
conjeturas de lo que me pasa: **a veces me pasa
de todo y en realidad no me pasa nada.**

En serio, tengo días en los que ni
yo mismo me entiendo.

A veces necesito un tiempo a solas, necesito pensar.

No te lo tomes personal.

# Lo único que tenemos

Le voy a ser sincero:

yo no quiero a alguien que me reproche a cada
instante mis defectos. Yo quiero a alguien que a pesar
de ellos encuentre a mi lado el lugar perfecto.

No me lo tome a mal, pero es que en las cosas
del amor es mejor ser honestos, así que, si nos
vamos a amar, aceptémonos primero.

Inventemos juntos un nuevo comienzo.
El pasado dejémoslo de lado.

El futuro es incierto.

Aprovechemos este momento porque
es lo único que tenemos.

# Es normal

No te preocupes, es normal que después de
todo lo que has pasado te duela sonreír.

Es normal que no quieras ver a nadie, que te
sientas vulnerable y solamente quieras dormir.

No es fácil superar tantas cosas, pero ya tendrás tiempo
de sobra para sanar, para ser feliz, para volver a amar.

# El lugar más seguro

Cuando no tengo con quién hablar
por las noches, hablo conmigo.

Lloro, me río, y aunque piensen que
estoy loco, duermo tranquilo.

Porque no hay lugar más seguro en
el mundo que uno mismo.

# Evolucionar

Desde hace un tiempo ya nada es igual. El
teléfono suena muy poco, a veces hablo solo
y muchas cosas dejaron de importar.

Llego a casa, me quito la ropa, escucho a Cabral
mientras me sirvo una copa. Entonces me
doy cuenta de que no todo está tan mal.

Acepto que de vez en cuando me desintegro, pero,
con todo y eso, he aprendido a evolucionar.

# Me amé

Apagué el ruido de afuera y encendí la
música de mi interior. Bailé noches enteras
con mi tristeza y mi torpe corazón.

Me sentí orgulloso de mí. Por un
instante dejé de acusarme y comencé a
perdonarme por lo que un día fui.

Y me amé, me amé como nadie jamás lo hizo. Y de
tanto negarme a mí mismo al fin me dije que sí.

# A ti

A ti que te cansaste de fingir y estás a punto de desistir.
A ti que aparentas ser feliz para que no te pregunten
nada, pero cuando llegas a casa, te encierras en tu
habitación y te quedas a solas con tu corazón.

Te puedo asegurar que algún día leerás
estas palabras con una sonrisa gigante y
ya no te harán falta los sedantes.

Se te llenarán los ojos de tanta alegría
que nadie podrá quitarte. Ahí sabrás que
el pasado ya no puede lastimarte.

# Silencio

Tengo más sueños perdidos que dinero en los bolsillos.

Todos los días hablo conmigo, soy inestable
y en el amor siempre llego tarde.

A estas alturas he perdido miles de neuronas y
aún no consigo llevarme bien con las personas.

Donde quiera que voy, siempre llevo mi sonrisa, no
importa si por dentro estoy hecho trizas. Salgo a la calle
con firmeza, aunque al llegar a casa me desvanezca. Es
ahí, en ese silencio, donde encuentro mi fortaleza.

# IX

Y si alguien no te quiere en su vida, no andes rogando por

estadía; acomódate en la tuya y

hazte compañía.

# Tierra firme

Dicen que las manecillas del reloj te ayudan a sanar;
yo creo que eso es verdad, mas también hay que
poner de nuestra parte. No podemos esperar que la
corriente nos lleve hacia un puerto seguro mientras
nosotros insistimos en remar hacia lo más profundo.

No sé si esta es la señal que estabas esperando,
pero es hora de remar hacia tu tranquilidad.

Y si hay algo pesado en tu barco que no te deja avanzar,
es hora de lanzarlo afuera; ya pasaste la tormenta.

La tierra firme te espera.

# Alguien

Ya llegará alguien que se enamore de
lo que a mí me avergüenza,

mi limitada inteligencia, mis manos
pequeñas y mi poca paciencia.

Alguien a quien le guste mi optimismo aun cuando
no lo entienda, que crea que son geniales mis
ideas hipotéticas. Alguien que se tambalee cada
vez que le sonría, que forme parte de todas mis
alegrías, que convierta en arte todas mis rarezas,
que juntos nos burlemos de la insípida tristeza.

Ese alguien, con mucho tacto que entienda
que tiene que ir despacio. Ese alguien que te
comprende, porque también le hicieron daño.

X

Un día me abrazó tanto la soledad que le tomé cariño,
lloré como un niño y le conté mis historias. Charlamos
por largas horas como dos viejos amigos; después
nos despedimos y cada quien siguió su camino.

Sin embargo, nos vemos de vez en
cuando y me alegra su visita.

Ella sigue siendo la misma.

Siempre sabia.

Siempre honesta.

Siempre lista.

# Entre flores de amapola

La media noche se acerca y sigues pensando
en lo que pudo haber sido. Han pasado
semanas y aún sientes lo mismo.

A él parece no importarle, y con lo que hizo
confirmas tus sospechas de que siempre fue un
cobarde. Te alejaste de tus amigas y te encuentras
sola, entre flores de amapola, silencios y vacíos.

Pero confía en que el porvenir será distinto.
Puedo asegurarte que nadie ha muerto
por un amor no correspondido.

Mañana serás otra, dejarás de ser oruga
y te convertirás en mariposa.

Te reirás de lo sucedido y encontrarás un nuevo destino.

Ponte guapa y sal a divertirte. **Mujeres
como tú no deberían estar tristes.**

# Sobrevivo a mi manera

Aunque me falte la gente sincera y me inunden mil
problemas, aunque se me hayan acabado las fuerzas
y me pegue duro la tristeza, sobrevivo a mi manera.

No me dejo caer, aunque tenga que luchar hasta
con mi propia voluntad, aunque cada día se haga
más grande esta soledad, aunque no me salga
nada a la primera, sobrevivo a mi manera.

Y es que he aprendido a sonreír para poder sobrevivir,
he tenido que morir para ganar nuevas fuerzas y,
aunque sea larga la espera, sobrevivo a mi manera.

# XI

Ayer platiqué con mi tristeza; sin embargo,
no tenía nada nuevo que contarme. Le sonreí
tanto que tomó sus rencores, sus desilusiones
y decidió marcharse. A decir verdad,
*ya no la extraño.*

# Salvación

Yo me mostraba alegre, pero en realidad
necesitaba que alguien me prestara atención,
que me abrazaran por un momento, pero todos
estaban ocupados, ninguno estaba dispuesto.

Lo que hacía no parecía causar un buen efecto. Cuanto
más trataba de afianzarme, más me rompía por dentro.

Y me tocó esforzarme el doble, pero
ahora soy como un roble.

He aprendido a vaciar lo que siento con tinta.
Aprendí a mostrarles mi sonrisa a los que
quieren verme fracasar, aprendí a cerrar la
boca si no tengo nada bueno que aportar.

**A falta de abrazos me hice compañía.**
**A falta de salvavidas aprendí a nadar. A**
**falta de valentía aprendí a rezar.**

También he dejado los excesos y estoy en receso,
en receso del mundo, en receso de todos.

Yo siempre consigo salvarme de algún modo.

# Recordatorio de vida

Incluso cuando todo parece sucumbir, siempre logro salir de la miseria. No es fácil sostenerse y ser valiente, no es fácil seguir amando cuando te han destrozado, pero la verdad yo sigo confiando.

Sigo entregándome por completo.

Sigo soñando.

Y puedes llamarme como quieras, pero para mí el dolor es un recordatorio de vida. Y, aunque todavía no le doy respuesta a mis preguntas absurdas, hoy estoy más vivo que nunca.

# Semejantes

A mí también me pasa, así que no te sientas
mal. En ocasiones no tengo ánimos de hablar
con nadie y nada me parece interesante.

Sí, a mí también me pasa igual, y es muy tedioso tener
que soportarme. Todo me aburre, todo me molesta;
las visitas y las llamadas también me estresan.

Y es que a veces no me doy cuenta de
lo que puedo ocasionar, esto de luchar
conmigo me pone bastante mal.

Los ataques de pánico están a la orden del día
y yo estoy tratando de arreglar mi vida.

Por favor, no me señales, estoy en una pelea
grande y espero ganar la partida.

Así que si me ves por ahí con una sonrisa
puesta es porque voy ganando la batalla, es
porque ya lloré lo suficiente. Es que un corazón
de mi talla no se rinde tan fácilmente.

# XII

Hay mentiras que te elevan.

Hay verdades que te entierran.

Hay amores que te dañan.

Hay amores que te salvan.

# Bonita

Eres tan bonita que deberías mostrar
menos tu tristeza y más tu sonrisa.

No necesitas adornos: así, con tu caos
y tu pelo corto eres bonita.

Tus pechos pequeños y tu baja estatura
quedan a la altura de tu notable locura.

Eres bonita con todo y tu amargura, con tu inquietante
mirada, con tu inestable figura… Eres bonita.

# Te sentí, tú estabas ahí

Y cuando en mis fuerzas no pude más,
cuando el arroyo se arropó con el mar,
cuando estuve a punto de claudicar,
yo te sentí.

Te sentí en cada una de mis lágrimas, en cada
una de mis pestañas, en el amor inexplicable
que me entregaste cuando no lo merecí.

Yo te sentí.

En el preludio de tu misterio, en la aflicción
que me carcomía por dentro, en mi deterioro
y en mi silencio. Tú estabas ahí.

Y tocaste cada espacio, lo tocaste, y algo en mí
cambió para siempre. Nada me hace dudar de ti.

Yo te vi.

Yo te sentí.

Tú estabas ahí.

# Sin reservas

Yo no busco llenar espacios, para
eso están los crucigramas.

Yo busco una persona llena, completa, que
me dé todo sin reservas, pero que también
esté dispuesta a recibir lo mismo.

Yo no busco perfección: busco en lo imperfecto lo real.

Lo verdadero.

# Conquistando mi libertad

Hace rato que dejaron de afectarme muchas cosas,
y aunque tengo motivos de sobra para tapar muchas
bocas, **elijo mi paz.** No me queda la menor duda
de que algunos hablan por hablar; otros, por
aparentar. Ante tanta estupidez lo mejor es callar.

Estoy en un nivel de tranquilidad que no
cualquier huracán puede hacerme tambalear.
Me da pereza contestar las ofensas y paso
por alto las frustraciones de los demás.

Estoy tan ocupado tratando de ser alguien mejor y
conquistando mi propia libertad que entrometerme
en las vidas ajenas no es ninguna prioridad.

# Valentía

# No está en mis planes

Por ahora no está en mis planes
enamorarme, pero uno nunca sabe.

De repente, quizá, me tropiece con unos labios
honestos y busque un par de pretextos para quedarme.

De momento me quedo con mis cambios
de humor, el desastre en mi habitación, mis
libros empolvados y este necio corazón.

# Resilientes

Tengo la certeza de que cuando uno se estropea, se regresa con más fuerza. Pienso que cuando se toca fondo, se despierta esa materia que nos hace inmensamente resilientes. Esa materia estelar que nos hace brillar otra vez como cuerpos celestes gravitando en la galaxia. Se despierta esa sustancia con la cual fuimos hechos y nos convertimos en ese torbellino que nunca imaginamos ser.

Nada nos puede detener.

**A veces es necesario estar en aprietos para entender de lo que estás hecho.**

# Vale la pena

Vale la pena disfrutar la vida con los que se
quedaron a pesar de las habladurías.

Con los que te acompañan al cine o a la sala de
tu casa, con esos que se burlan de tu amargura
y están al tanto de todo lo que te pasa.

Con los que saben que te falta un tornillo, pero, en
vez de llamar al psiquiatra, eligen enloquecer contigo.

# Fe

Estoy en una situación en la que el insomnio
se está aprovechando de mí. Así que ejerceré
mi derecho de utilizar mis instintos,
presiento que todavía no es mi fin.

Es cierto que el filo de la traición hiere y las lágrimas
derramadas no se estancan, pero el control es mío.

Los sentimientos son míos.

Y con tanta fe, ¿quién se atreverá a pararme?

Es inevitable que la tentación se acerque a mi oído
ataviada con frases bonitas, pero no estoy dispuesto
a volver atrás, no me convertiré en sal. Seré el sol
resplandeciente que quema fuerte, pero que con
su luz enciende los senderos más oscuros, las calles
desoladas, los planetas olvidados. Pueden acabarse mis
ganas, pueden derrumbarse todas mis murallas, pero
mi fe es el estandarte que me guía hacia adelante.

Mi fe es mi gran hazaña, la que me sostiene
en medio de mi caos, la que me confirma
cada día que no fui hecho en vano.

# XIII

Y así como se liberaba del sostén todas las noches, comenzó a liberarse de todas sus decepciones. Abrió ventanas y puertas y dejó que el viento se lleve su tristeza, se habló con franqueza y supo con certeza que merecía ser feliz.

# Lo conseguí

Al final lo conseguí, conseguí llenar
el hueco que dejaste en mí.

Me ha costado un montón de desvelos
recuperarme de ti, pero ya lo conseguí.

Conseguí rescatar la felicidad que te llevaste
cuando te fuiste, entendí que no me sirve de
nada recordar lo mucho que te quise.

Ya no te busco en las madrugadas ni le hablo a la
almohada de ti, ahora procuro estar cerca de mí.

Ya no te extraño, lo conseguí.

# Tal como eres

Eres bella como eres, con o sin maquillaje,
con esa sonrisa que se transforma en arte,
con tu cabello hecho un desastre.

Eres bella con el alma rota, con esos defectos que te
adornan y esas ojeras que denotan fuerza y fragilidad.

A veces callada y un poco loca, desesperada y valiente.

Eres bella, tal como eres.

# XIV

Sí, mi amigo,

yo también he querido desistir. Me han
pasado tantas cosas que hay momentos en
los que he querido dejar de existir.

Y no, no me avergüenza decirlo, todos tenemos tiempos
de debilidad en los que parece que ese es nuestro final.

Y duele sentirse tan hundido, pero tranquilo,
mi amigo; rotos, jodidos y deprimidos
podemos volver a comenzar.

Cualquier día de estos lo volvemos a intentar.

# Juegos pirotécnicos

Hay personas en nuestro pecho que necesitan
ser sacadas para que no se nos estallen adentro.
Deben ser extraídas desde el fondo para que no
exploten como juegos pirotécnicos. Hay personas
que no tienen derecho a ocupar ni siquiera una
minúscula parte de nuestra mente, no tienen
derecho a permanecer en nuestro presente.

Hay personas que se deben llorar por un
tiempo, pero después guardarlas en el más
sepulcral de los silencios, que se queden
sepultadas en lo profundo de los recuerdos.

# Reina de su vida

Ha salido victoriosa de tantas tristezas que a
nadie le baja la cabeza. No le da vergüenza
ser libre, carga con orgullo sus cicatrices.

Y no, no es la princesa de nadie: ella es toda una reina,
reina de su historia, reina de su vida, reina de ella.

# Metamorfosis

Lo único que sé es que ya no soy el mismo. Estoy
en una etapa en la que disfruto estar conmigo.

Ya no pierdo el tiempo tratando de encajar,
eso de aparentar es cosa del pasado.

Ahora soy más sincero, más directo
para decir lo que siento.

Ya no pretendo quedar bien con
nadie, prefiero ser honesto.

Y si eso implica quedarme solo pues acepto el reto,
**esta vida es para los valientes** y yo soy uno de ellos.

# XV

Eso que te está dañando también te está formando.

Lo sé, cuesta mucho entenderlo.

**El dolor nos vuelve sordos y ciegos.**

Ya no pienses tanto, mejor intenta descansar.

Estás cerca, muy cerca de sanar

# Cuando la vida me borre

Cuando la vida me borre, búscame en la mirada de
los ancianos, en la inocencia de un niño o en las
hojas que vuelan en otoño. Búscame en el sonido de
la lluvia, en la sinfonía de los que añoran consuelo.

Búscame en el borde del principio y
a finales de noviembre, en las nubes
que bailan un vals desconocido.

Cuando la vida me borre, búscame en el resplandor
de un relámpago que desaparece pronto pero que
alumbra todo el firmamento, en el canto de las
águilas que anuncian su independencia, en una
carta perdida o en los versos de alguna poesía.

Búscame en el aire que respiras, en el color de los
girasoles y en las pupilas de ese vagabundo que cree
que mañana le cambiará el destino, en la promesa
que atesoras en lo infinito de tus bolsillos.

Cuando la vida me borre, deja que las flores
crezcan y que la tierra arrope mis huesos; no
busques mi cuerpo en esos tres metros.

Búscame en la superficie de tu risa serena.

En los bosques silenciosos.

En las olas del mar.

En la simpleza de todo.

# Alguien como ella

Ella es de esas que no muestran su tristeza a cualquiera;
de esas que, aunque les esté lloviendo por dentro, se
arreglan su cabello y se ponen guapas sin pretextos.

De las que saben soportar hasta la más potente
de las tormentas, de las que se convierten en
linterna cuando la oscuridad acecha.

Ella es de esas, de las que se levantan las veces
que sean necesarias, de las que se entregan
enteras, aunque se queden sin alma.

Ella es de esas, de las que saben enamorarse;
de las que, aunque quieran quedarse,
saben cuándo marcharse.

# Apostándole a la vida

Sentado en un viejo sillón, lloré todo lo que tuve que llorar, porque **lo que para algunos es fragilidad para mí es fuerza y libertad.**

Así pude llenarme de valor y prepararle las maletas al dolor, y no, no fue nada fácil, pero era más difícil caminar con el rencor.

Y ahora voy por ahí, apostándole a la vida, regalando mi sonrisa, renaciendo cada día.

# XVI

Me sentía en cadena perpetua, con el corazón aplastado,
los sentimientos atados y el odio nadando en mis venas.

Se me estaban pudriendo el alma y los huesos,
pero con todo y eso decidí seguir viviendo.

Y toda esa basura que traía por dentro me
sirvió de abono para seguir creciendo.

Para seguir amando.

Para seguir creyendo.

# Resistente y plena

Un día dejarás de creerte incompleta y te darás cuenta de que siempre fuiste una mujer entera.

Dejarás de pedir recetas para curar decepciones y comenzarás a tomar decisiones.

Llegarás a sentirte tan resistente y plena que todo lo que sufriste habrá valido la pena.

# Propuesta

Yo no vengo a ofrecerle la luna y las estrellas,
eso se lo ofrece
cualquiera.

Yo le ofrezco mis manos para sostenerla,
mis labios para que descanse,
mis sueños curiosos y perversos,
unos brazos largos y honestos,
un pecho que le sirve de almohada
y un amor más allá de la esperanza.

# 11:11

Si el universo me concediera un deseo, pediría que nunca murieran las **Margaritas.**

# Sonreía

Y entonces se cansó de ir por el mundo
rogando amor y compañía.

Aprendió poco a poco a valerse por sí misma.

Se dio cuenta de que se merecía lo más bonito.
Que, para vivir, sonreír era un requisito.

Se amó tanto que la llamaron egoísta, pero
ella ya no hacía caso a lo que decían. Ya
no perdía el tiempo en tonterías.

Solamente sonreía, sonreía, sonreía.

# A mis años

Soy bastante torpe recordando nombres, me gusta
hablar con la verdad, me cuesta mucho confiar
y eso de extrañar a mis años ya no se me da.

A esta altura ya no colecciono amigos, he
vuelto a hacer las paces conmigo.

He descubierto que cuento con más planes
cancelados que personas a mi lado.

Me han visto la cara de idiota un par de
veces, he muerto de rabia por pequeñeces. En
ocasiones me gustaría quedarme en silencio,
pero me es difícil controlar mis gestos.

Tengo el alma accidentada, irracional
y no soy nada convencional.

A mis años ya no ando en busca de ser el centro de
atención, ni siquiera estoy a la espera de un buen amor.

Me he acostumbrado tanto a esta soledad que
se ha convertido en mi calma y tempestad.

# El mejor de los revolucionarios

Hoy volví a respirar el esmog de la
ciudad. Conversé con un par de extraños
y fingí estar a gusto en mi trabajo.

Hoy fui un poquito cruel conmigo y me sentí
olvidado, pero vamos, ¿a quién no le ha pasado?

Hoy experimenté mi lado masoquista al recordar
todo aquello que me hizo daño. Pero también recordé
que era humano y que todavía puedo enfrentar lo
que me asusta, cambiar esas cosas en mí que no me
gustan. Entonces, fragmentado, me di el mejor de
los ánimos, me sentí el más genial de la tierra, el
mejor de los revolucionarios, y comprendí que solo
de mí depende abandonarme o seguir luchando.

# Eternos

Atrás quedaron aquellos que hoy no necesito nombrar.

Solo quedan los amigos, esos que siempre están, esos que
dicen «te lo dije», pero te abrazan
tan fuerte que te salvan
de la tempestad.

# Te perdí

Te perdí y no puedo fingir que no me
duele, por supuesto que sí.

De la noche a la mañana se vino abajo todo
este amor que un día estuvo tan alto.

¡Qué tonto fui!, en verdad. Yo, que me creía el mejor
de los amantes, terminé siendo un charlatán.

Pero ¿qué puedo hacer? La vida debe
continuar, aunque no sea de la manera en
que soñé, aunque no sea junto a ti.

Necesito seguir.

Y si al pasar el tiempo nos encontramos por ahí, espero
que tus ojos tengan un nuevo brillo, que ya no me
reprochen con su color marchito que un día te perdí.

# XVII

Hay golpes que parecen matarnos,
pero en realidad, nos resucitan.

# Confesión

No me malinterpreten, pero suelo ser un desastre, soy
un poco caótico y me entristezco repentinamente.

Para ser sincero, amo la soledad: he
aprendido más de ella que de la gente.

Soy más feliz cuando llueve y tengo la
habilidad de que me olviden fácilmente.

## Me vestí de esperanza

Y entonces dejé caer mi pasado por el abismo del
olvido.

Colgué mis fracasos como las más hermosas medallas.

Utilicé mis cicatrices como manual para hacerme
fuerte.

Me desprendí de rencores y desilusiones.

Me vestí de esperanza y al fin pude

ser libre.

# Cuestión de tiempo

Puse mi esperanza en un amor que no valía la pena, pero así es esto. Ahora vivo de realidades y no de cuentos.

Y debo decir que tengo el corazón descompuesto y con ganas de desfallecer, pero es tan terco que no me ha permitido caer.

A veces las cosas no me salen bien, pero estoy de pie.

Nada es para siempre y, por muy difícil que sea todo esto, **solamente es cuestión de tiempo.**

# Quédate conmigo

Quédate conmigo.

Sé que no será fácil el camino, pero quiero ser tu

destino.

Anda, quédate conmigo, juntos seremos todo:

invencibles,

increíbles,

infinitos.

# No dudes

No dudes ni un segundo de ti, ya caminaste
sobre el fuego y sigues aquí.

Dijeron que eras un caso perdido pero muy
pocos sobreviven a lo que tú has resistido.

No dudes ni un segundo de ti, eres tan increíble
que nada ha podido contigo, después de tantos
antidepresivos te mereces lo más bonito.

No dudes ni un segundo de ti porque
tienes una sonrisa fabulosa, y
a pesar de todo lo que viviste, tu
vida no deja de ser hermosa.

# XVIII

Me gustan mis ojeras porque reflejan las noches de
batallas

en las que mi alma peleó por su
libertad.

# XIX

Dejé lo complicado y me volví más simple.
Ahora doy gracias por los momentos
felices y también por los tristes.

Dejé de pelearme con la vida y de ponerle sal a
la herida. No me interesa lo que se dice de mí en
el barrio, ya no me amargan sus comentarios.

Total, yo estoy donde quiero estar, me quedo si me
quiero quedar y me voy, aunque vuelva a comenzar.

Así como he sabido derrumbarme,
también soy experto en levantarme.

No importan las veces que sean, a lo
mejor treinta, o tal vez noventa.

**A los que estamos hechos de tempestades
no hay nada que nos detenga.**

# Ni las cenizas

No, no es que ella se sienta demasiado importante,
es que ya no es la misma de antes.

No, no es que sea exagerada al caminar,
es que ya no se deja pisotear.

Después de verse tan destruida dejó de lamentarse,
secó cada una de sus lágrimas y decidió levantarse.

De aquella niña insegura no quedan ni las cenizas:
cambió su amargura por una nueva sonrisa.

De aquella niña ya no queda nada: ahora es
una increíble mujer. Los golpes de la vida la
enterraron, pero también la hicieron florecer.

# Punto de quiebre

Después de creerte inmune, la realidad te golpea,
caes en la cuenta de que no eres lo que pareces, tu
voluntad desaparece y llegas al punto de quiebre.

Colapsas tan fuerte que te derrumbas sin
poder evitarlo, te llenas de impotencia y dolor
mientras te pierdes en tu propia destrucción.

Pero nada es para siempre. Aunque te
sientas como una aguja en un pajar, como
un grano de arena en un inmenso mar,
existen mil razones para continuar.

# Sé decir adiós

No te creas:

soy de los que aman con intensidad, pero también sé decir adiós. No me gusta prolongar esos asuntos por los cuales he luchado, pero ya no tienen solución.

**No tengo vocación para perder el tiempo, tampoco para amar a medias.**

Si ya no queda nada por hacer, me voy.
Eso sí: regresar para mí no
es ninguna opción.

# XX

Si usted no piensa amarme intensamente,
le aconsejo que mejor ni lo intente.

Es que yo quiero un amor de esos
que se dan por completo,
un amor íntegro, un amor del bueno.

Y si pido eso es porque yo también lo ofrezco,
pero tampoco se puede tapar el sol con un
dedo. Son muy pocos los que dejan atrás sus
miedos y se lanzan a intentarlo de nuevo.

Son muy pocos los que se arriesgan
a entregarse por completo.

# En las mismas heridas

Le he bajado el drama a mis problemas, me he dado cuenta de que no vale la pena sufrir por tormentas que solo existen en mi cabeza.

¿Para qué llenarme de amargura?

Yo sé que la vida puede llegar a ser muy dura, pero **en las mismas heridas se encuentra la cura.**

# Seguir en el camino

No esperes que los demás hagan todo por ti, porque
hay muchos que quieren verte en un abismo; por
eso en esta vida tienes que luchar por ti mismo.

No pienses que todo se soluciona huyendo:
los problemas hay que enfrentarlos, llorar
lo necesario y seguir en el camino.

Y si sientes que toda tu vida está hecha un desastre, que
la solución nunca llega, acuérdate de lo que cuentan:

«No hay mal que por bien no venga».

# Consejo

Te recomiendo que llores hasta que se te acaben las ganas, hasta que sientas que ya no queda nada.

Te recomiendo que hables contigo por las noches, que te vacíes de todos los rencores.

Te recomiendo que vivas a tu manera, que escuches nuevas canciones, que ames sin restricciones.

# A punto

Estuve a punto de guardar mi disciplina y
salir a buscarte, pero sería desordenarme
la vida y terminar de dañarme.

Estuve a punto de llamarte y susurrarte que
te extraño, pero sería interrumpir
esta calma que tanto me ha costado.

Y no, no es cobardía, es que se deben
tener prioridades en la vida, y por ahora
**prefiero tener el alma tranquila.**

# XXI

Llevo muy dentro heridas que todavía no
logran sanar, pero ahora tengo como regla
fundamental no dejarme intimidar.

Y no sé qué hacer ante las muestras de cariño, de
verdad que estoy intentando ya no ser tan frío.

Cuando nos han dañado tanto, ser así
es nuestra única defensa; ante ciertas
situaciones el corazón se pone alerta.

Es verdad que los daños nos marcan y ya no
volvemos a ser los de antes, pero también
es verdad que nos hacen más grandes.

# Lunes

Era un lunes por la noche cuando recostada en su cama, la acarició el frío y se le vino de golpe todo lo que había sufrido. Quiso llorar por un rato, pero se acordó de aquel trato que tenía consigo misma.

**Nunca más lloraría por cosas del pasado.**

# XXII

Cuando sientas que ya no puedes más, que
de un momento a otro te vas a abandonar,
habla con tu soledad, llora con ella, explícale
lo que sientes. Ella sabrá entenderte.

Que no te importe el ruido de afuera, regálate
todo el tiempo que quieras, reúne cada una de
tus partes y pon en su lugar cada pieza.

# Alfarero

Entonces me convertí en el alfarero de mi vida,
tomé cada uno de mis errores, cada una de mis
decepciones, sumergí mis manos en excesiva valentía
y me fui moldeando como la arcilla.

Y en aquel proceso doloroso se fueron cerrando las
heridas. Ya no lloro en las esquinas ni cuestiono mi
pasado; ya no dejo mi felicidad de lado, ahora la abrazo.

Y si por algún motivo me toca
comenzar de nuevo, *lo hago.*

Yo siempre salgo ganando.

# Sigue brillando

Ellos no saben nada, nunca han estado cuando
el mundo se te ha venido abajo, nunca te han
acompañado en las madrugadas eternas, nunca han
luchado contigo cuando la depresión te golpea.

Tú sigue brillando y que ellos hablen lo que quieran,
sigue con la frente en alto y siendo feliz a tu manera.

# No me arrepiento

Decían que no era para mí, que no me convenía,
pero nada de eso me importaba porque yo la quería.

Y decidí cerrar los ojos, hacer oídos
sordos y abrir el corazón.

Y debo aceptar que ellos tenían razón, pero
no me arrepiento de nada: **muy pocas
veces me han besado el alma.**

# Una mujer distinta

La miran tan tranquila que nadie
pensaría que se siente sola y vacía.

Que ha tenido que luchar hasta contra ella misma
y que lleva en el alma unas cuantas heridas.

Pero siempre da las gracias por todo lo
que le sucede; a veces no lo comprende,
pero ella lo acepta y no se detiene.

Porque sabe que mañana será otro día y quizás
ya no le duelan tanto las heridas, quizás aprenda
a quererse y a ser una mujer distinta.

# XXIII

Y si esa mujer logra en medio de su amargura
sacarle una sonrisa, si desde que la tiene en su
vida se le han hecho menos pesados los días.

Si le enseñó que hacer el amor es algo divino, si
cada vez que la ve hace de su infierno un paraíso.

Si con todo eso usted no se siente
afortunado, no estropee su jardín.

Déjela florecer en otro lado.

# Ley de vida

Con el paso del tiempo he ido superando
recuerdos, personas y malos momentos.

He sabido contenerme para no desearle el mal a nadie;
al contrario, he dejado que la vida se encargue.

Y si me los encuentro en el camino, no agacho
la cara ni esquivo miradas, yo sonrío.

He aprendido que la vida, más temprano
que tarde, pone a cada quien en su sitio.

# XXIV

Quizás ante el mundo no seamos el uno
para el otro, pero qué importa el mundo
cuando a solas somos uno solo.

Mientras ellos pierden el tiempo murmurando de lo
nuestro, nosotros lo ganamos amándonos en silencio.

# No está para cualquiera

Su mecanismo de defensa es ser fría y es que ya no se fía de palabras bonitas ni patéticas promesas.

El que quiera ser parte de su vida debe tener paciencia, y no porque se crea la más bella: es porque sabe lo que vale y no está para cualquiera.

# Te veré otra vez

Confieso que sigues doliendo, que a veces te
llamo pensando que me contestarás, pero tu
inoportuna ausencia me dice que ya no estás.

A veces te siento en los poemas de Benedetti,
en la rutina de todos los días, en las canciones
de Bocelli y en tus películas favoritas.

Sé que estás descansando, y disculpa mi egoísmo, pero
daría cualquier cosa porque estuvieras conmigo.

Todavía no me acostumbro a que no estés.

Todavía no me dejas de doler, pero
tú me enseñaste a tener fe.

Sé que te veré otra vez.

# Diferente

Después de los daños aprendes a llevarte bien con los domingos, también a encontrar la paz en ti mismo.

Aprendes a conocerte; te vuelves más fuerte, más astuto, más valiente.

Después de los daños ya no eres el mismo, no te hieren tan fácilmente.

# Victoria

*Me sorprende tu valentía*, porque a pesar de tantas cosas que han pasado en tu vida, te mantienes arriba.

*Me encanta tu firmeza*, porque has pasado tanto luchando que mereces caminar con la frente en alto.

*Me gusta tu sonrisa*, porque lleva impresa tus batallas y tu historia, porque es la señal de tu victoria.

# Querer ya no es suficiente

Tengamos conciencia, estamos en estado de emergencia y ninguno lo quiere aceptar.

Sí, es verdad que nos queremos, pero en estos tiempos querer ya no es suficiente. Aunque nos abracemos muy fuerte, **la despedida es inminente.**

No seamos como esos tontos que le tienen miedo a la felicidad, esos que prefieren volverse grises antes que hablar con la verdad.

El tiempo es corto y este mundo no fue hecho para nosotros.

# Precaución

Agradezco sus buenas intenciones, pero, por favor,

tenga paciencia.

Este corazón está lastimado, lo han herido tantas

veces que ya no se confía

demasiado.

# Descenlace

Pasa…

Pasa que te vuelves indiferente ante
los señalamientos de la gente.

Pasa que te aburres de quedar bien con todos
y de tanta falsedad; entonces te reconcilias
contigo y te vuelves prioridad.

Y dejas que las cosas fluyan para que nada
te amargue la vida, y esa soledad que antes
detestabas ahora es tu mejor amiga.

# Que la felicidad siempre te encuentre

Que siempre seas esa mujer valiente, esa
que nunca se detiene ni con la peor de las
tormentas, la que se conoce mejor que nadie
y a quien no le importa lo que piensan.

Que siempre seas la dueña de tu vida y que, si
el mundo te abandona, encuentres en tus brazos
compañía. Que nunca cambies tu forma de
ser por complacer, y si un día te empeñas en
esconderte, que la felicidad siempre te encuentre.

# Renuncias

Hay gente que piensa que uno siempre
va a estar ahí, que uno siempre va a decir
«sí», que uno no se merece ser feliz.

Y saben que no te aman, pero tampoco te sueltan,
y así se te pasa toda una vida sin darte cuenta.

Y al cabo de los años despiertas y quisieras que tu
corazón padeciera amnesia, pero con lo único que
te encuentras es con un montón de tristeza.

Entonces, te quitas la venda y te llenas de
fuerza y serenidad, renuncias a lo que te
hace daño y a lo que te quita la paz.

Y así das gracias a la vida por haber salido de
aquella pesadilla; después de tanta tempestad,
al fin encontraste un poco de tranquilidad.

# No me subestimes

Puedo parecer derrotado, deprimido y desolado,
pero no me subestimes. He aprendido a
llevarme bien con los días grises.

A veces converso con mi paranoia y mi tristeza
es bastante notoria, pero he aprendido a
encontrar en mi infierno un pedazo de gloria.

No me subestimes, puedes llegar a sorprenderte: los que
parecemos débiles en realidad somos los más fuertes.

# Viernes

Y de repente se te olvidan los viernes, ya
no extrañas las fiestas ni la gente.

Prefieres conversar contigo mientras alzas
tu copa de vino y brindas por ti.

Celebras tu autonomía, celebras tu sonrisa

y tus ganas de vivir,

ya te da igual el bullicio, inviertes el tiempo en ti

y por ganancia recibes el coraje para seguir.

# Se puede

Claro que sí, se puede seguir, aunque
los días se vuelvan pesados.

Se puede caminar con un costal de problemas
y hasta con la vida hecha mierda.

Te lo dice alguien que se toma el café con calma,
aunque tenga desarmada el alma. Que cuando
ha querido gritar se ha tenido que callar, soportar
los señalamientos y llorar en silencio.

Pero he sabido luchar por mí y he aprendido
que se puede, se puede vivir, aunque no
se tengan muchas ganas de seguir.

# Por mí, por ti

Sí, te perdono por mí, porque con tanta carga ya tengo
bastante, porque quiero vivir tranquilamente.
Sí, te perdono por ti, para que el karma no te golpee
tan fuerte, para que no queden deudas pendientes.

# XXV

Lo que vas a conseguir tratando de barrer el pasado
es levantar una cortina de polvo y perderte en ella.

Ya no busques tus errores con lupa,
deja de reprimirte y de echar culpas,
aprende a vivir solo o acompañado
y la paz siempre estará de tu lado.

# Sé que voy a estar bien

Sé que voy a estar bien, aunque los demás no crean
en mí, aunque no tenga con quien tomar el café
por las tardes, aunque los amigos se marchen.

Sí, yo sé que voy a estar bien, aunque las cosas
me salgan mal, aunque me fallen los instintos,
aunque no me lleve bien con el destino.

Siempre encontraré la manera de estar bien,
aunque los recuerdos me visiten, aunque
mis sueños se marchiten, aunque la vida se
oponga, aunque tenga todo en mi contra.

Sé que voy a estar bien.

# Si supieras

Si supieras lo especial que eres, ya no llorarías
por alguien que no te conviene.

Por alguien a quien no le importas, que no te regala
ni un minuto aun teniendo tanto tiempo de sobra.

Si supieras el valor que tienes, ya no buscarías
excusas para quedarte: te amarías de tal
manera que ya nadie podría lastimarte.

# Los azahares del limón
## no se pueden sostener

La lluvia tocó el portón y los azahares del limón no se pueden sostener. Puedo ver en perspectiva los ciento diez intentos que hice para que tu miel no se derramara, pero es inútil detener lo que nunca fue mío. Es inútil pensar que estos cuatro renglones que llevo escritos me darán una estrategia infalible para no extrañarte.

Los mosaicos que quedaron de mí después de tu partida se quebraron y la chaqueta negra que te gustaba que vistiera perdió su encanto. El vino tinto se ha terminado y nuestro gato te espera en el tejado. Me iré a buscar algún bar en la ciudad en donde pueda conversar con un par de extraños, un lugar en donde no me duelas tanto. Quizá me emborrache mientras la banda toca nuestra canción favorita y termine llorando en alguna esquina. Estoy desesperado por ti, estoy desesperado de ti y no es algo que pueda solucionar, no al menos en este momento, no ahora que me ahoga tu silencio.

Estoy roto.

Los azahares del limón ya no se pueden sostener y creo que yo tampoco.

# XXVI

Y si un día te preguntan por mí, que tu sonrisa

sea la respuesta.

# No te niegues

No te niegues a ser feliz, aunque la vida se
haya vuelto indiferente, aunque se vayan
los amigos y tus ganas de ser valiente.

Aunque se te derrumbe todo y te sientas
perdido, aunque en los momentos de
tristeza no sepas qué hacer contigo.

Tranquilo, *en el amor está la respuesta.*

Después de tanto caer uno aprende a renacer,
uno vuelve a sonreír, uno aprende a resistir.

No te niegues a ser feliz.

# Nos despedimos, nos perdonamos

Y nos despedimos, nos despedimos porque
la rutina se aburrió de nosotros,
porque ya estábamos rotos, sin remedio,
y no quedaba nada por hacer.

Porque cada noche se nos hacía más difícil
encontrarnos, porque nos volvimos unos completos
extraños y eso de amarnos ya no nos salía bien.

Y nos perdonamos, nos perdonamos por todo
lo que vivimos, porque no perdimos nada.

Aquí venimos a aprender.

# Oración

Pido porque esta noche se calme la
tormenta que hace ruido en tu cabeza.

Porque te des cuenta de que, así
como eres, eres perfecta.

Pido porque descanses como no lo haces
desde que dañaron tu corazón.

Pido porque mañana te encuentres mejor.

Pido porque el insomnio no tenga ganas de conversar.

Pido porque la noche no te haga tanto mal.

# XXVII

Después de tanta tristeza, aprendí a desarrollar
mi instinto de supervivencia, y aunque a veces se
me engrandece esta soledad, comprendí que es
mi mejor aliada para enfrentar la tempestad.

No crea usted que yo siempre he sido
fuerte: en el camino uno aprende.

**Hoy me doy el lujo de ser valiente.**

"El colibrí abandonó su nido y dejó todo su miedo
escondido en el musgo.

Se fue con su color esmeralda en el pecho y voló por
el mundo".

# Agradecimientos

A Dios por darme el regalo más bonito. A mis lectores que me han acompañado a través de los años y que nunca me han soltado. ¡Los amo!

Gracias por tanta espera.

A la más hermosa flor de mi primavera: mi Margarita. Papá, no fui futbolista, pero soy escritor. Primita, gracias por amarme como soy.

Moncito, nunca olvido que me animaste a seguir escribiendo. Mami Tandita, Yoyo, Chabelita: ustedes son parte fundamental de mi existencia.

Viejito, gracias por enseñarme tanto; para ti hasta el cielo.

Amarguchis… ¡Te amo! Gracias por estar ahí siempre.

Gracias a Juliana, Kramer y a todo el equipo de *Venado Real* por abrazar con amor este proyecto de vida.

Patricia, gracias por darle magia a mis letras con tus ilustraciones, ¡eres arte!

A ti que por primera vez me lees.

# Índice

Made in the USA
Monee, IL
04 August 2024

63244375R00111